今、なぜ合併か

篠山市の取り組みから

瀬戸　亀男

地方自治土曜講座ブックレットNo．75

はじめに

ただ今ご紹介をいただきました篠山《ささやま》市の瀬戸です。北海道は二回目になるんですが、北海道大学工学部のこの場において合併の話を申し上げるなんていうことは、私自身も想像もしていませんでした。

森先生の方から「北海道ではこんな勉強を土曜講座としてやっている、合併の問題についてはいろいろ課題と問題があるけれども、事例報告をしてくれないか」という依頼を受けまして、ささやかな経験ではありますが皆さんにおつなぎすることによって、21世紀それぞれの町の活性化につながりましたらありがたい、こんな思いでこの壇上に立ったところであります。

さきほどご紹介をいただきましたように、兵庫県の伊丹空港から新千歳空港までは1時間40分でありました。そして電車に乗りましてこちらに参りますその車窓から見ます北海道の風景というのはまさしく本州とは違う、ヨーロッパの農村地帯を走っているような感じになりました。

緑がいっぱいで、農場が広がっておりますし、またそれぞれの農家の皆さんが、厳しい中での農業振興に取り組んでいらっしゃる風景もまの当たりに見せていただきました。ああ北海道に来たなという思いをしたわけです。

そして感動したことが一つありました。電車が満員でして80歳ぐらいのグループのご夫婦が4、5組乗ってこられました。私どもの近くにおられた中年の男性がさっと席を譲られました。そうすると若い人たちも同じように席を譲って高齢者の皆さんに「どうぞ」と、ごく自然におっしゃったんです。関西の私どもの町中ではなかなかこういうことが自然にできない。それを自然にさらりと席を譲られる姿を見まして、北海道は景色もいいけれども人柄がいい、そんな思いがしました。

Ⅰ　篠山《ささやま》市の概要

ご紹介をいただきました篠山市は兵庫県の中東部にあって、京都、大阪、神戸から５０キロ圏内で、５０分ぐらいで行ける、そういったところにあります。

１１年4月1日に合併特例によって市になったわけです。人口が４万７千５００人になりました。面積は

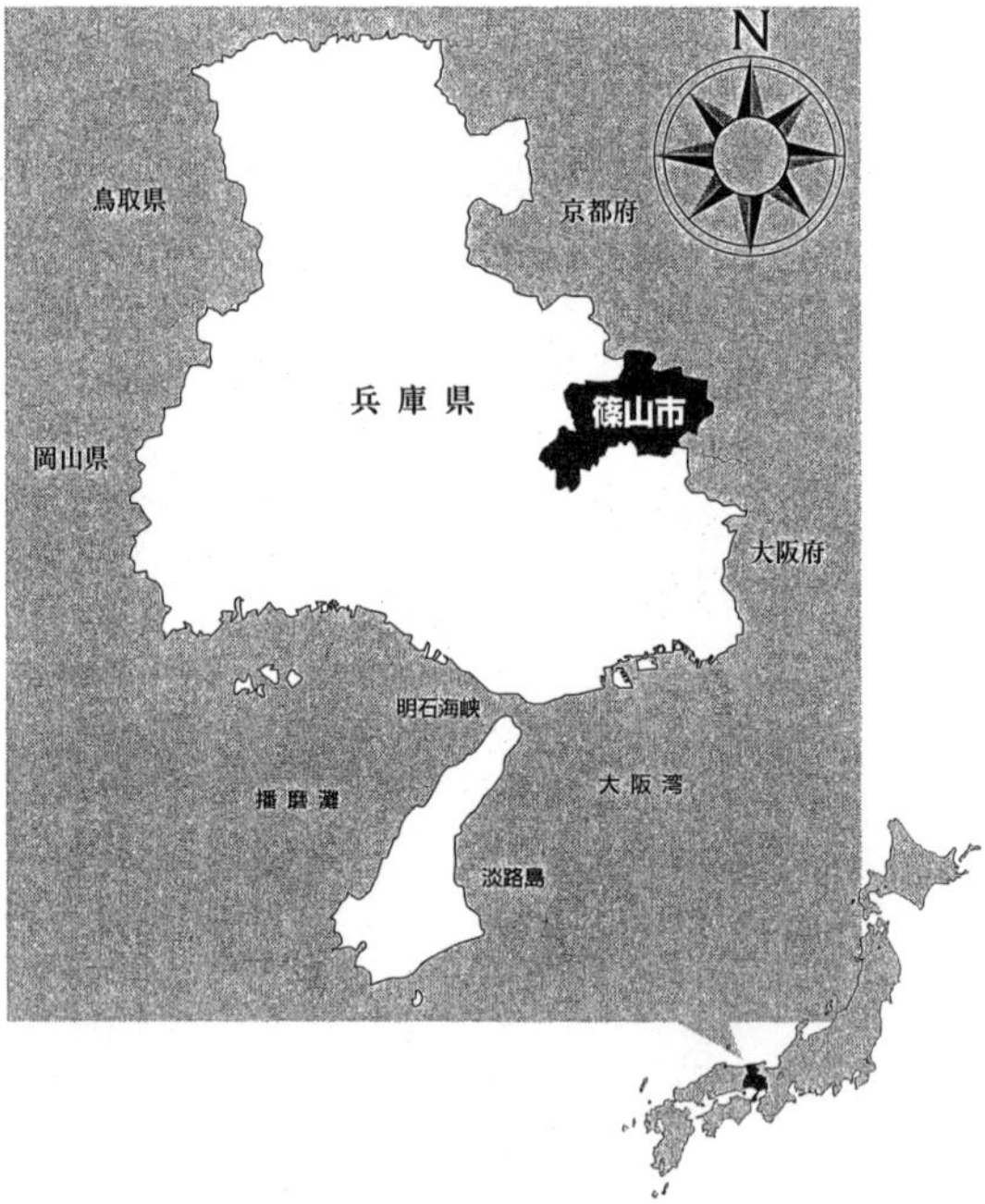

377・61平方キロ、兵庫県の中では神戸に次ぐ2番目、あるいは近畿圏内では京都に次いで3番目に広い面積になるわけですが、先日お話を聞きましたら、北海道の市町村の平均が377平方キロ、あるいは400平方キロぐらいであるということです。とすれば合併ということになりましたら1000平方キロを超す大きな面積になる。そんな思いをいたしました。

1 市の個性・特性

篠山藩の城下町

篠山市は、今から392年ほど前、1606年に徳川家康が江戸に幕府を開いた3年後の1609年に大阪方を監視するために篠山にお城を作った。それが今の篠山市のはじまりです。ですから歴史、伝統も古く京都に近いということもあって、文化の香り高く、いろいろな史跡もたくさんあります。

そういうところですので、お城の上に平成8年から4年かかって大書院を造りました。、京都の二条城のような木造の建物です。国の重要文化財でありまして、文化庁の許可がなければそういうものを建築できないのですが、文化庁のＯＫをいただいて復元をしました。ですからお城と武家屋敷、また当時作られた商家群等がございます。

今一つは北海道はもちろんでありますが、幸いにして篠山というところは日本列島改造から多少ずれた感じがあって、開発が遅れておりました。そのことが今幸いをして、非常に緑がたくさんあります。７５％が中山間です。山です。そして５００メートルから６００メートルぐらいの山にかこまれた海抜２００メートルの盆地でして、真ん中を篠山川というきれいな川が流れています。ですから２１世紀は「環境と人権の時代」と言われますが、まさしく素晴らしい環境に恵まれている。緑がいっぱいで、きれいな空気と清らかな水がある。そういう自然の条件に恵まれた土地柄です。

「丹波」の特産品

さらにもう一つの特徴は、北海道にも美味しいものがたくさんありますが、丹波篠山というのは、皆さんもご存じのように、丹波黒大豆、これは枝豆でよし、煮てよし、健康と美容にいいという食品でして、今多くの皆さんにご愛顧をいただいている特産物です。

さらに山の芋、丹波栗、丹波松茸と美味しいものがたくさん採れております。小豆の本場は北海道ですが、丹波大納言というのは非常に味がいいということで、これも折り紙付きになっております。さらにコシヒカリが非常に美味しいんです。もともと福井県に産まれた品種ですが、福井県に似たような環境があるということで、兵庫県の中では一番美味しいお米という評価をいただいております。つまり200メートルの海抜で盆地であるということが夏であっても昼と夜の温度差があり、従って美味しい食べ物が採れる。肉質にしても霜降りの肉が生産される。そういった状況にあります。

あわせて合併をいたしましたから、今田町には、800年の歴史を誇る「丹波焼」があります。日本六古窯の一つでして、全国からこの焼き物を見るために、またその技術を学ぶためにたくさんの皆さんがお越しになる。合併をしたことによって、それぞれの地域の特産が篠山市という大きなボリュームの中で、全国に情報を発信できる、こんなまちになってきました。

人と自然の調和した田園文化都市

そして今私どものまちのビジョン、将来像というのは、先程言いましたように、非常に豊かな自然がある。従って、今申し上げたような「豊かな自然と文化と城下町と特産物」というのは、これは素晴らしい田園文化だ。我々の先人が自然との戦いの中で汗を流し、そして山を守り、田圃を守り、農産物を作って特産に仕上げてきた。さらにその収穫を喜び合う、それぞれの集落にあるお祭りというのは、素晴らしい田園文化であると思います。

従って「人と自然が調和した田園文化都市づくり」を目指しているところです。合わせて今は5万人弱ですが6万人口を目指したい。

幸いにして今、63年頃から篠山市の人口は伸びております。さらに合併したというイメージ、そして交通体系等々がよくなりましたから、平成2、3年頃からその伸び率も高くなっております。従って6万人口確保ということは、篠山藩は六万石でしたからある意味では六万石の歴史がある土地条件というのは6万人の生活確保は自然であり決して環境を破壊しない。

そんな思いで人口構想を定めて、それに向かっていろんな整備を図っているところです。学校や病院にしたって、さらに財源を確保する意味でも、6万人の人口は必要であると思っております。

2　合併前史

「昭和30年合併」で1町18村が6町

こんな中で篠山市の歴史経過を手繰って参りますと、まず、明治22年に町村施行令が出ました。その時は一つの町と17の村があったと思います。それが分村をして一つ増えました。従って昭和30年まで一つの町と18の村がありました。

それが昭和30年の合併で6つになりました。以来昭和33年から昭和50年頃にかけて多紀郡は一つになろう、人口3万あれば市になる。従って市になろうということで再三苦労をしてきました。

5回の合併協議を続けてきたんです。ある時は庁舎の位置も名前等も大方のところまで決まっていながら、うまくいかなかったこともありました。また財産問題でうまくいかなかったこともありました。そんなことでこれまで6つの町が一つになろうとして努力したけれども、うまくいかない。

昭和50年・東3町が一つに—篠山町の誕生

5回目の合併が失敗したあと、東3つが一つになって将来に備えようという動きがありまして、昭和50年に6つの町の内の東3つが一つになって大きな篠山町が産まれました。187平方キロで人口2万2千500人ぐらいなんです。

だからちょうど今の篠山市の半分の面積と人口を要する篠山町というのができたんです。それから随分と長い間この合併の話は、5回も失敗をしておりますから、途切れておりました。そのことを話すのはタブーでした。

II　多紀郡4町（現篠山市）の合併への取り組み

1　合併の必要性

平成4年・多紀郡議員研修会

こういう状況の中で平成4年8月に、私はその時篠山町の議会議長をしておりましたが、郡の議長会主催で議員の研修会を持ったんです。当時の町村会長や県の振興課長に来ていただいて、当時は多紀郡ですから、「多紀郡の課題は何か」、あるいは「地方分権とはどういうことか」という話をしていただきました。

これまで、だいたい議員さんの研修というのは講演が終わったらもう散会ということになるんですが、今回はその話を聞いて4つの分科会に分かれて討議をしたんです。そんな中でいろいろな課題と問題がある。もうそれなら一つになってこれらの問題の解決に当たることがベターじゃないか、こういう意見が4つの分科会から出てきました。

何が問題があったのかと申しますと、まず広域で取り組んでおりました事業は「ゴミ」、「し尿」、「消防」、「農業共済」の問題です。

ごみ処理場の改築

その広域行政の取り組んでいる中での問題の一つは、「ごみ処理場の改築」でした。昭和48年にできたものなんです。黒い煙が出ている。まだその当時はダイオキシン等々の話は出ておりませんでしたが、早く改築をしないと将来このごみ処理場を使用できないことになる。地域の皆さんに大変なご迷惑をおかけする、そういう思いがありました。

この改築をするだけでもその当時はだいたい50億から60億円と言っておりました。今その改築をやっておりますが、最終処理施設、リサイクルの施設等々を含めますと82億円になっております。

水の確保

さらに広域の課題じゃないんですが、多紀郡の将来を考える時に、山の国でありながら「水」がない。あまり深い山がないんです。しかも盆地ですから自分のところに降った水しか確保できない。さらに、調査したのですが地下水が弱い。どうしても10年後6万人都市を目指すと、一日に1万5、6千トンの水が不足してくる。平成17年には下水道が完備する。そうなってくると大変なことになる。その問題をどうするのかが大きな課題です。今その問題も解決をして、県の水を引くことになっております。この費用が120億円もいるんです。

火葬場の不足

さらに斎場の問題。篠山町が火葬場に窯を二基持っておりますがとても対応できない。しかも45年前の施設で煙が出るような施設なんです。そして気圧の影響によって煙がたなびいて、下を這うようになると匂いがするんです。だから早く改築しなくてはならない。しかしなかなか斎場そのものが公害を出すような施設ではないのですが、イメージの問題があってなかなか了解がとれないという問題があります。

総合病院の充実

さらに戦後、篠山では国立病院が、陸軍病院を受けて私たちの命と健康を守ってくれました。ところが昭和61年に厚生省の方から篠山病院はどこかに委譲するということに決まってしまったんです。だから61年以降病院の充実、存続を強く求め、再三請願を受けて意見書を出しましたが、一向に効果がない。そんな中で郡民の命と健康を守る総合病院をどうするのかという大きな課題がありました。

今も忘れませんが、平成2年の10月2日に当時の下条厚生大臣が篠山にお越しになって陳情した時も、『いくら頑張っていただいても国の方針は変わりません。どこか委譲を探す方が賢明ですよ』という冷たいご返事でした。私どもそういった国の方向を確認する中で、じゃあどうするかという問題がありました。

幸いにして平成3年から兵庫医科大学というのが西宮にあるんですが、どうやら兵庫医科大学がどっかの病院か分院を作りたいという意向があるやにうかがう中で、篠山の国立病院を受けてくれないかという話を持ち込みました。

震災が平成7年にありましたから非常に難しい課題でした。

福知山線の複線化

さらに今一つの問題は大阪から福知山に向けて、福知山線というのがあるんです。宝塚までは宝塚線で複線でした。そして三田まで複線になりました。ところが三田から篠山まではなかなか複線にならなかったんです。福知山線というのは丹南町、多紀郡の西の方を通っているんです、篠山町を通ってないんです。昔は線路が通ると瓦が落ちる、よい田圃がつぶれるというので、だいたい線路とか駅というのは条件の悪いところにしか作れなかったという経過があります。だから多紀郡の今篠山市の中心を走ることを当時の人たちが拒んだ経過があります。だから篠山から丹南まで篠山線があったんです。これが48年に廃線になりました。その廃線の了解をする条件として国鉄に複線を必ずするように強く要請するが一向に進まない。そして民営化になりました。早く複線の実現を図りたいという課題がありました。

自己責任と財政規模

さらに、今ほど「地方分権」あるいは「地方の時代」が言われていなかった時代ですが、いずれそういう時代になってくると、そこそこの財政規模と力を持っていないと、しっかりとした自治体になりえないんじゃないか、そういう思いがありました。

いま中央とか地方とか言っておりますが、私たち地方にいる者にしたら、地方と中央と言う呼び方に抵抗を感じます。中央があるから地方がある、地方があるから中央がある。もうそんな時代ではない。ある意味では「地域の時代」ではないか。小さな集落も地域です。町だって市だって地域です。県だって国だって地域だと思います。お互いが対等の立場で、自らが責任を持って自己決定をして、自己責任において事業を展開する時代ではないかというようなことを考える中で、多紀郡には人口4000人弱の町が二つ、1万6000人の町が一つ、2万2000人の町が一つなんです。だからこれはやはり一つになってこういう問題の解決に当たっていくべきではないかということになったんです。

だから篠山市の合併は誰から強制されたものでもない。自らの立場で、自らの行政展開をしていこうという中において、議員が決断をして、そして町長会に申し入れるという形態です。だから一部の住民から『行政主導であって住民不在である』という批判は常について回りました。しかし我々としてはそういう大きな課題を抱えており、そのことに取り組んで来た議員として、このことの解決を図っていくためには、「合併しか有り得ない」。こんな思いがしたんです。

広域制度の限界

広域行政でこれらの問題に対応しておりましたが、限界があるんです。
例えば先程言いましたように「水がない」と言いました。ところが水がある町もあるんです。

「うちは水があるのに100億円を越える投資をしてまで三田から水とる必要ない」、こうなるんです。そしたら広域の場合は、1町でも反対したらその話はまとまらないのです。また合意ができたとしたって時間がかかるんです。

さらに広域の行政というのは、もう5つ目の行政になっておりました。職員は消防署がありますから90人を越しておりましたし、年間の一般会計は20億になっておりました。だからそういうシステムと機構がある中でこんな大きな問題を抱えているとするなら、一つになろうということになったわけです。そういう話を議会が先導する。

ところが町長会の方は5回失敗をしておりますから、6回目を失敗すると大変なことになる。それは責任問題につながる。こういうことがありまして、慎重でした。再三町長会とはなしをして、平成4年からそういう協議をしてきて、町長会がじゃあやろうという判断をしていただいたのは平成7年の後半、あるいは平成8年の始めでした。議会がそこまで決断をなさるのなら、町長会も一緒になって合併問題を考えていきましょうということになったのです。

2　6回目の合併論議

合併失敗の原因は　―平成8年・合併研究会の立ち上げ―

そうして平成8年に町長、議長、副議長、県会議員等を含めて合併研究会、その合併研究会を立ち上げる時に、5回失敗してきたその原因は何か、一番難しい問題は何かについて検討した結果、以下の5項目だということになったのです。

一つは、「庁舎の位置」。役場をどこに置くのか、二つは「名前」をどうするのか、三つは「財産」をどうするのか、四つには「合併の時期」をどうするのか、さらに五つは「対等合併」である。

合併の時期、対等合併等々はそう大きな議論にはなりませんでしたが、最初の3つが、非常に難しい問題で、このうちの一つでも欠けたらうまくいかないんだから、この5つの合意をしてから合併研究会を発足させようということになったのです。

それで「名前」は篠山を入れる。「庁舎」は篠山を使う。篠山を使うことになったのは、ちょうど篠山の庁舎がお城のあるところにありまして、そこが中心なんです。そして平成4年に新しい庁舎ができているんです。230人ぐらいしか入れませんが庁舎ができている。従ってその庁舎を使おう。そして「財産」は全て持ち寄ろう。「合併の時期」は11年4月1日にしよう。「対等合併」である。こういう確認をして、研究会を立ち上げて一年間いろいろやりました。

まずどんな町を作っていくのか、メリットは、あるいはデメリットはということを広報で皆さんに知らせながら、だいたいこんな町を作りたいという方向が出てきた時点で住民の皆さんに説明会を開催させていただきました。

一年間に80回やりまして、1700~1800人ぐらいの参加ですから、ある意味では少ないかもしれない。そこで出た意見は行政が進めているわけですから、行政主導であるという批判と、合併は反対だという意見、あるいは時期が早いのではないかというような意見が随分とありました。

時期が早いということについては昭和33年から40年間にわたっていろいろな取り組みをし

てきている。そして合併はＪＣ（青年会議所）を初め、いろいろな組織、団体から要請をしていただいたこともある。その時にもいろいろな市民、住民の皆さんとのこういった討議をやってきている。そういうことを考えていくと今、先程言いましたような問題があるから時期尚早というのはもうない。

庁舎がなくなったらやはりどうしてもそのところが寂れるんじゃないか、あるいは議員さんの数が少なくなったら住民の意見が町政の中に反映しないのではないか、もろもろの課題と問題を提起をいただきました。私どもはそれに対して『じゃあこういう形で、こういう姿勢と方向でやっていくことによって、それらの問題の解決は可能です』と、こういうご説明をして一年間が過ぎました。

平成9年・合併協議会を立ち上げ

そして平成9年には協議会を正式に立ち上げていくわけです。27名からなりまして、各町平均同じ数で出し、各町から3人の住民の皆さんの参加もいただきました。そして9年と10年の二年にわたって協議を続けてきました。

だいたい46項目ぐらいの協議があるんです。まず最初にその5項目の確認をしました。そういうことの詰めができまして、それぞれの話が協議がされた時点で、その経緯等は「合併便り」、あるいは会長の新聞発表、さらにいろいろな小学校区等における説明会を開催して住民との話し合い等を重ねながら、住民の皆さんの合意をいただくために、合併を皆さんと一緒に進めるために努力をさせていただいてきました。

平成10年12月、4万人「市」として出発

そういう状況の中で平成10年11月16日か17日だったと思いますが、もう最終的にこういう形で式典をやって、それまでにこういう準備をして、篠山町で出発するという段取りになっておりました時に、私どもの選出の代議士で前森内閣当時の農水大臣の谷さんから電話が入りました。

臨時国会が12月にある。この臨時国会は景気対策国会で他のことは一切上がらないということになっている。なんとか4万人で市にするための政府提案をお願いしていたけれどもこれができない。従って議員提案でやるから国の方に要請に来てほしい、ということであります。

私ども19日に県の方に、20日に国の方に参りまして、国会議員さん100人近くの皆さんに要請をしました。それぞれ各会派は地方行政部会というのがあるのですが、そこに要請したんです。自民党の場合は幸い鴻池さんといって兵庫県選出の参議院の先生がその部会長でして、その席に出て行って説明をさせていただきました。

幸いにして平成10年の12月4日に衆議院全会派が賛成、11日に参議院全会派が賛成で、4万人で市になることが認められて、私どももほっとしました。

そしてお正月に自治省の方から平成7年の国勢調査で人口は4万以上ですから、市になる要件はあるけれども、家が連担しているか、そういうところが60%あるかという調査がありまして、それもクリアして、市へ出発をしたところです。

3　合併協議会が遭遇した「難問題」

市の名前

こういう協議の中で一番難しかったことは、一つには「町名」の問題でした。篠山を入れるということになっておりますから、篠山関係のものは今のしのやまの篠山が当然だと思っておりました。でかんしょの町篠山、そして美味しい食べ物が、特産がたくさんあるのが篠山だ。従って何の反対もなしにそうなるだろうと思っておりましたが、平成9年5月に提案をして12月29日まで、決まらなかったんです。篠山を入れるということになっているけれども、しのやまの篠山は篠山とは読みにくい。従って竹冠の笹山にすべきである、あるいは今時ですからひらがなの「ささやま」にすべきである、意見が分かれてなかなか決着ができませんでした。

8月には住民の皆さんから公募で葉書が380通ぐらいあったと思いますが、たくさんの名前をいただいたその半分が篠山の「しのやま」でした。それでも決着できない。もう4つの問題を合意できておりながら名前の問題で、入り口でそのことが合意できないのならもう合併止めようというところまで行ったんです。そして「このことを正月持ち越すことあいならん」ということで、仕事納めが終わった29日に夜を徹して協議をして「しのやま」の篠山で合意ができました。

本来なら庁舎の位置等が難しいんですが、幸い先程言いましたような条件が揃っておりましたから、当分の間篠山の庁舎を使うということについては問題はでませんでした。もちろんいろいろ課題はあります。

国民健康保険の問題

二つには国民健康保険の問題。篠山市の場合、今は高齢化率が平均して24・1%なんです。ところが合併までは丹南町がJR福知山線複線に加え、高速道路がありますから人口においても若い人たちが増えてきている。従って高齢化率は16%を切ってたんです。他は26%を越しておりました。当然高齢化率が高いですから国保の一人当たりの負担金が増えてくるんです。だから丹南町は6万円で、そして高い所で7万5千円から8千円ぐらい、1万5千円ぐらいの差があったんです。これをどこで調整するかというのは非常に難しいことでした。

8千円上げた6万8千円で調整したんです。そしたら丹南地区は8千円上がる。高かった所は8千円下がるということになるんですが、そうなってくると合併した後の国保会計というのが大変だと、従って一人当たりの財政調整基金として4万円を積んでもらわなくっちゃ6万8千円は承知ならんというのが丹南町の言い分でした。

丹南町は国保会計は6万円で、若い人が多いですから財調だってたくさんあるんです。だいたい苦しい所は財調も少ないんです。ところが合併の条件で財産は全て持ち寄るということになっているじゃないか、国保会計だって一緒だと、こういうことで議論をするんですが、なかなか了解とれない。まあ他のことは赤字財産も持ち寄るけれども国保だけは4万円積みましょうということになりました。だから他3町は2万円ぐらい積みました。

2万円積んだって一般会計からここに放り込むわけですから、全体にしたら一緒なんですが、そういう形で国保会計の基礎を作ったというようなこともあります。

使用料・手数料

それから、例えば公民館の使用料は無料である、あるいは通学バスは無料であるという地域もありました。篠山町は取ってたんです。合併したからといって無料の地域の市民の皆さんに公民館使用したらお金いりますよ、通学バスを活用してもらう場合はお金がいりますよというわけにはなかなかいかないというので、合併後調整しようということで落ち着きました。

職員の給与

難しかったのはやはり職員の給与です。例えば兵庫県の場合は自治労と町村会が話し合って、給与に関する約束事、準則というものがあるんです。初任給が1の3から5の間となっています。ところが篠山町は3で採用し、他三町と広域は4で採用しておりましたから1号違いました。そして職階制ですから、係長にならなければ5から6になれないんです、ワタリということを中止しておりましたから。

だから小さな町ではすべての皆さんが早く係長になれる。ところが篠山町では職員が多いですからなかなか係長になれないというので、もう5のずっと高い所、天までいっている職員もいたわけです。

また、先程言いました準則の中では、20年したら係長になるようにというような約束事があるんです。ですから18歳で高校を卒業して入ったら37、8歳、40歳近くで係長になる。そういう約束事があるんですが、篠山の場合はそうはできませんでした。

だから合併をした時に、これは不利益につながる、大変なことだというので、これも調整しなくてはいけない。組合とも話をして、やはりそのことが問題になるんです。これは分った、従って3から4にすることは責任を持ってやる、そしてその間の不利益を被っている部分も含めて調整はする。そして職階制ということになっているわけですが、5、6については係長らしきものを作って、そういう形で位置付けて、職員の初任給と5級から6級の給与の是正もできました。

しかしできなかったのは幹部職員の給与の問題です。

40歳で係長になり45歳で課長になって、3年で7級から8級になる制度を採用しているところがあったんです。ところが篠山は7級から8級へは7年という時期もありましたが、それは多少長いということで改正をして5年になっておりました。だから早いところでは40歳で係長、

45歳で課長、そして47、8歳でもう8級。ところが遅いところは45歳で係長、50歳で課長に早くなったとしても、7年、57歳で8級、そしたら定年まで2年しかない。そういう状況が醸し出されておりました。

だからこの解決は職員によっては5万ぐらい格差がありますからなかなか一気にいかない。そういう難しい課題の克服が今も残っている部分もあります。

そのことを我々もなんとかしようと……、じゃあ高い所は止めて、低い所を昇給短縮措置をして合わせていったらどうかと、ところが今そんな形で公務員の給料を上げますなんていったら、市民の皆さんの反発がある。これは許されることではない。そういうことも含めて残された課題に今なってますが、職員はこういう状況をのりこえて、合併して素晴らしいまちを作ろう、住みよい、住みたいまちを作ろう、住むという字は人に主と書きます。人が中心になるような素晴らしいまちを作っていこうという、そんな思いで本当によくやってくれております。

それからそれぞれの調整で、残されたものは、合併後いろいろ解決を図っているものもあります。

4　住民の動き

こういう中での住民の動きであります。特に行政主導であるというところから厳しい批判をいただきました。

反省している合併協議会の「原則非公開」

我々も今は反省をしております。

平成9年の第1回協議会の会議の時に、協議会を公開にするのか非公開にするのかという議論になりました。

今から思えば、随分と思い切ったといえば思い切った、あるいは問題があるといえば問題がある決定をした。つまり「原則非公開」ということにしたんです。

合併というのはなかなか難しい話をしなくてはならなくてはならない。政治的な判断をしなくてはならない場合だってある。従って原則非公開。このことが新聞社、そして合併をあまり好まれない皆さんからは厳しく批判をされました。しかし最後までそういう形で進みました。できるだけ公開に近いような形で皆さんにお知らせをしましたけれども、会議そのものは非公開でした。今思うと原則公開にして、時に非公開があるというのが正しい選択だったのではないか。こういう反省をしております。

多くの識者の皆さんからもこのことは厳しくご批判をいただくわけです。

住民投票条例制定運動

さらに今一つ、住民の投票によって合併の成否を決めていく条例を制定すべきであるという運動が篠山町で起こりました。

有権者の12%、2800人の人の署名がありました。そしてその署名に基づいて町長に、町長提案で住民投票をする条例を提案してほしいという申し入れがありました。

私自身としても2800人の皆さんの気持ちはしっかりと受け止めたい、しかし合併の是非というのはいろいろな情報、あるいはいろいろなメリット、デメリット等々を含めて住民の皆さんに正しくその中身を伝えていかないと、なかなかよいか悪いかという判断をしていただくのは難しい面もある。

我々としては40年間この問題に取り組んできた、たまたま今回の場合、行政主導であるといえども、皆さんの気持ちを踏まえて私どもとしては、努力もしてきた。従ってあとの結果は議会に委ねたい、こう申し上げました。その後は請願として議会に出されましたが、賛成は少数で否決をされたところです。

このことについては去年、地方分権推進の答申が国の地方分権推進委員会からなされておりますが、その諸井委員長から篠山市の合併のことについて報告をせよと呼び出されまして、その中でお話もさせていただきました。

そしたらすかさず樋口恵子さんが「市長、なぜ住民投票をするような手立てを考えられなかったのですか、それだけの自信があるんだったら投票したって大丈夫でしょう」というようなお叱りを受けました。樋口さんというのは篠山にも2、3回お越しをいただきまして、私も面識がありましたから厳しい中にもそういうご指導をいただいた経過もあります。しかし当時はそういう形で対応させていただきました。

今一つは今田町において「合併はまだ早い、従って合併の調印を一年延ばせ」という署名がなされました。平成10年3月なんです。

しかし平成10年4月27日に合併調印するんです。そういう時期にそういう署名が1800人、有権者の60%。今田町では議会と町長が各集落にはいって「今ここまできている、今ここまできている中で一年延ばせということは、これまでの話を白紙に戻すことだ、それはできない」ということで話をしていただきました。

しかしその2か月後に町長選があるんです。そして現職の町長と反対の側から候補が出ました。500票ぐらいの差で現職が勝利をいただきました。もしこれひっくり返っていたら今の篠山市はなかったかもしれません。ですから合併というのは一つ間違えば首長の首は飛ぶことだって有り得るというのは納得のいくところなんです。

5　合併成功の理由

歴史的理由

こういう状況の中で、なぜ成功したのかということを考えましたら、先程も申し上げましたが、篠山市というのは、江戸時代260年間松平から青山藩に至る長い期間一つの藩でした。だから生活が、そして経済活動が、あるいは道路網等々の整備がお城を中心に260年間敷かれてきた経過があります。さらに民意等もそういう意味では盆地を形成している中で生活をしているということも含めて、一つになりやすい歴史的な理由、あるいはそういう背景があるのではないか、合わせてやはり6回目であるということも成功した要因につながっているのではないかと思います。

それからやはり国の支援です。

住民負担を少なく

合併の際に44項目を調整する場合、住民の皆さんに対しては有利になるような調整をするんです。

例えば保育料の問題にしても水道料金にしても、あるいは農業政策にしても、一番住民の皆さんに有利になるような制度を採用していくんです。下水道の負担にしたって一番進んだ形で対応している、住民の負担の少ないところに合わせていくんです。

国保税だけは単年においては高くなりましたが、そういう形で調整をしますから、年間3億円ぐらい高くつくんです。だから合併したら少なくとも交付税というのは10年間は一本算定にしないでくれという願いをしました。当時は5年なんです。篠山市が一本算定されますと、一年で20億円も違うんです。だから合併して効果が出るのは10年だと、従って10年間は一本算定しないように、11年目から5年かかって一本算定するようにという要請をしました。これもそのまま制度となりました。

合併特例債

さらに今一つは合併をする中で先程いいましたような高く付くこともあるし、いろいろな事業展開をしたいので特別な財政支援をしていただきたいというお願いをしまして産まれたのが合併特例債なんです。篠山市の場合、２１０億8千万円になりました。

ですから我々としては合併をすることによって箱ものが増える、あるいは箱ものをやることによって合併後の負担が増えていくようなことになってはならんということを肝に銘じて事業の展開はしております。今合併特例債を当てているのは、例えば先程言いました県水の導入にしたって、１２０億円いるんですが、県が三分の一、企業債で三分の一、あと出資債という形で一般会計から４０億円いるんですが、これに特例債を当てることができるんです。あるいは斎場にしたって一緒です。中学校の用地確保にしたってそういうことができるんです。図書館も作る場合に特例債の活用をしていくことができる。

だから合併の中で約束をしてきた、１０年間篠山市が計画をしている基本構想と基本計画に沿ったその事業展開を特例債を活用するということになります。これはむしろやらなければならないことを国の特例債活用できるわけですから、有利に働くという話を市民の皆さんに、議会の皆さんにしています。

つまり事業展開をする場合5％一般会計で持ち出して95％起債が認められて、そのうちの70％が交付税算入になるんです。ですから交付税の見直しとか特定財源の見直しとか、そういうことが言われている中で、いろいろ問題はありますが地方交付税という制度は全くなくなるわけじゃないわけですから、そういう中に7割入れられる。95％の7割入れられるということは68％ぐらいが交付税算入されるということになるわけですから、ある意味では過疎の事業展開をするのと同じような財政負担で事業展開ができます。

合わせて先程も言いましたように、財政支援でいろいろな調整で大変ですが、合併して今日まで全国から視察がもう450件を越しております。だから毎日あるんです。そして改革の時代を迎え、地方交付税等々見直した中で何度か合併を積極的にということが今小泉内閣の中でさらに全面に打ち出されようとしておりますから、最近は、毎日二回ほど全国の町村からあります。そしてまたこうして出掛けて行くこともあります。

そういうことも含めて自治省、今は総務省ですが、多少はお金くださいといって認められたのが5年間で4億9千万円なんです。一年間に1億円です。いまは随分と増えています。おそらく

3倍ぐらいになっているのじゃないかと思います、今の制度の中では。だから私たちも別に総務省の、自治省の宣伝をするわけではないんですが、皆さんから要請がありましたらむしろ実態はこうです。篠山市が取り組んできた実態はこうですというようなお話を申し上げているところです。

議員と首長の決断

合併が成功した原因は、やはり議員と首長の決断だと思います。

多紀郡には57人の議員がおりましたが、一年一ヵ月そのままで篠山市の議員として勤めていただきました。

その後、昨年4月23日に選挙がありまして、現職30人、新人16人、合計46人の候補者が競いました。定数26人、20人落選です。だから半分以下になるんです。

ですから議員が自らの職を捨てて合併に当たるという決意がなければなかなか難しいのではないか。これは首長だって一緒で4人の町長が1人になったわけです。15人の特別職も5人になりました。だから議員と首長がどう決断をして、市民の皆さんの付託に答えていくのか、こういうことが非常に大切ではないかと思います。

それから行政主導という批判をされましたが、我々も努めて話し合いに応じ、いろいろな会にも出る中で、思いをつないでいきましたから、積極的な形での反対運動は起こらなくて、市民の皆さんの大多数のご支援をいただいた。そのことが大きな成功の原因になっていると思います。

Ⅲ　合併後の状況

このように成功した合併でしたが、今、まちがどう変わっているかを多少お話を申し上げたいと思います。

1　市民サービス

介護保険サービスにおける市民のメリット

まず合併してよかったなというのは、市民の皆さんにとっては、サービスは一番いいところに合わされたわけですから、随分メリットがあると思います。

それから平成12年4月1日から介護保険制度が始まりました。幸い11年に合併しておりましたから1年かけて篠山市全体として取り組みができる準備期間があって12年4月1日を迎えることができたわけです。

4つの町に分かれておりましたら、それぞれの特養、老健、あるいはデイサービス等々の施設が点在しており、それぞれ活用いただく皆さんの需要と施設サービスの供給は各町によってバランスがとれず大変だったと思います。幸い一つになっておりましたから、篠山市の高齢化率24・1%で、65歳以上の皆さんが11500人ほどあって、だいたいその対象になられるの11%の1250人ぐらいだったと思いますが、ちょうど施設の対応がそうした皆さんの要請、要望と一致するような形で対応できました。保険料だって安く統一して出発することができました。だから今大きな問題はでておりません。

過日も多くの皆さんにアンケートを取らせていただきましたが、そういった結果が出ております。しかしながらこの介護保険制度というのはいろんな問題と課題があっての出発で、まだまだ改革が途中でいろいろなされて参りますから、それに即座に対応するようなシステム作りが必要ですので、相談員とか民生委員の皆さんとの接点をどう持って行くのかを含めて総合的な福祉施策が大切ですし、介護保険制度からはサービスを受けられない皆さんに対する福祉活動というのは、福祉協議会と連携しながら積極的に展開していかなければならないと思っております。

それから合併をしましたことにより、清掃センター、水、斎場、あるいは図書館や中学校改築の問題が有利な条件で実施できるようになりましたから、市民の皆さんの付託に答えることができている。

つまり非常に厳しい経済の中、成熟社会になって、税収が伸びない中で、市民の多くの皆さんの要請に応えていくためには、そこそこの規模でないとなかなか対応しきれないという問題があるわけです。幸いにして合併によってその目的が達成されつつある。

施設の有効利用

北海道とは違って、中心の篠山からどこへ行くにも車で30分で行けるんです。

それから合併することによって施設が有効に利用できます。

合併する前に丹南町と篠山町でそれぞれ同じ規模の図書館を作る計画がありました。合併後これは無駄なことだというので、中央図書館を一つにしてあとはネットワーク、分館、あるいはIT等で結んでいこうという形で了解を取ることができました。

あと、教育施設あるいは学区制の変更も可能になったわけです。学区制の変更あるいは改革というのはなかなか難しい問題がありますから一気にはいかない部分があります。改革は総論賛成だが各論になると、小さな市だってなかなか難しいんです。

「じゃあ学区の変更はこんな方向でどうですか」といったら、関係議員さんがおいでになりましたら必ず一声はある。あるいは投票所が篠山市55ありまして、参議院を控えて行政改革の一貫としてこれを41ぐらいにしようという提案を選挙管理委員会がなさったのですが、これもなかなかうまくいかないんです。だから行政改革というのは、言うはよいけれども実行していこうということになると難しい。これから私自身もしっかり腹をくくらなければいけませんが、そういうことが可能になっているということも事実です。

町をつなぐ道路整備

それから、これまででしたら町と町をつなぐような道路はなかなか一気に進まなくて後回しになっておりました。ですが合併をしましたから、町と町をつなぐような、村と村をつないでいくような周辺の道路整備等がスムーズに展開できるようになりました。これも大きなプラスじゃないか、従って国道と県道の主要な路線にそういう周辺の道路をつないでいくと随分と様相が変わってきます。

市になっても残る「旧町名」

さらに住民票等々を含めて受付等がどこでも取れるようになりますから、これもプラスになろうと思います。

合わせてイメージアップです。市になってイメージアップ。これは大きいと思います。

企業等もこういう時代ですからなかなか一気にはいきませんが、篠山に進出をしたいというのが町時代より増えてきました。

さらに合併の時点に篠山町で出発するという時に非常に抵抗があったと申しましたが、篠山市で出発だということで随分と西紀、丹南、今田の皆さんのお気持ちは変わりました。つまり市になりましたら旧町名を「大字」として残せるんです。ですから篠山市西紀町、篠山市丹南町、篠山市今田町何々という形で残るわけですから、吸収されたということがなくなるというので、皆さんのお気持ちが和らいできました。

そういうなかで西紀、丹南は旧町名は学校とかそれぞれのどこかの施設に残っているのでいいということになりましたが、今田町だけは篠山市今田町、そして字につながっていくことになっております。これもいずれ、いつかは改革されていく、あるいはそういう要請、要望が出てくるのではないかと思うんです。たまたま今田町ということを入れましたら、篠山市今田町といって次に「字」が入りましたら、随分と長い地名になるところがあるんです。だからそういう改革も徐々に住民の皆さんからの要請によってなされていく面もあるんじゃないか、こんな思いがするところでございます。

2　合併後の役所の体制

それから合併後の体制です。合併時に支所の人数は減らしてはならないとして、役場があったところを支所にしているのです。したがって出発の時点は支所5つ、57人の職員、そして現地事務所、これは建設あるいは産業経済、水道等々の現地事務所に50人おいて出発をしました。しかし現地事務所を一年続けたが仕事がしにくい。効率的な事業展開ができない。支所にいる現地事務所の職員は一度本庁に行き、そこで部長の指示を得て協議をして帰って仕事をしなくてはならない、そういう無駄が出て、内部から、もうこれはどうにもならない。だから現地事務所は引き上げるべきという声が出てきまして、一年間で50人の現地事務所は引き上げました。

この時も57人の議員さんと3時間か4時間議論をしました。「お前のやっていることは約束と違うじゃないか、現地事務所といえども支所の職員と一緒にいるのだから、市民の皆さんから見たら一緒だと、そんな50人を削っていくということは約束と違う」というようなことで、随分と議論をしました。

結果了解をいただいて仮庁舎を作り、一体化をはかっていきました。それから3年目になりまして、28名の職員を削減しているんです。10年間で100人減らしていこうという計画を立てております。680人から580人にしようと……。

合併時、支所に職員を57人配置をしているんです。タイムカード等々を調べると、あるいは仕事の中身を見ながら思い切って今年は10名減らしました。これも抵抗がありました。しかし市民の皆さんに対してのサービスは落としてはならない。

ですからいろいろな手続き等々は、減らしても対応できるということ、合わせて今郵便局といろいろな提携をしているのです。例えば道路の痛みがありましたら、郵便局の集配職員から文書で報告をいただく。そして今度は不法投棄の問題。そういうものが捨てられておりましたら、連絡をいただくというような協定をしているのです。今後は特定郵便局が小学校区に一つありますから、そこにITを活用して住民票等々サービス提供を可能にしていく。決して支所の職員が減ったって市民の皆さんが不便を感じるようなことはない。その分他でサービスをしていくことができる。さらに50人や60人の職員で自治体経営をやったら人事が停滞します。専門化もできませんからいろんな仕事をしなくてはならない。難しい問題の条例等々がでたって、そんな問題になかなか詰めて勉強していく時間がない。ところが680人の職員になって専門化していく、あるいは部制を持っていくと、そういうことによって可能になるということも合わせて職員の質が随分と変わっていくようになる。

行政改革推進部の設置

それから先程言いましたようにいろんな事業展開をしております。従って行政改革推進部というのをこの春置きました。行政改革を積極的にやっていく。数値目標を立ててやっていく。そして行政評価委員会というのも発足をさせまして、そこで協議をして事業展開をしていく。積極的な体制の中での改革を図っていって、5年間に数値目標で26億9千万円の削減をしていくという方向付けをいたしております。

事業監理部の設置

合わせて事業監理部というのを新しく設けました。入札の問題なんです。入札というのは本当に大変なことです。知恵を絞っての業者との駆けっこみたいなもんです。しかしながら公正な形でやる。厳正な形で、談合ができないような形の入札制度を作らなくてはならないというので、昨年暮れから非常に苦労をしておりまして、県の方からもそういう専門の理事を呼びまして、監理部を立ち上げました。

これというのも昨年の11月に北海道までは載らなかったと思うんですが、関西一円ぐらいに恥ずかしい話なんですが朝日新聞が篠山の業者60社による談合の疑いがあるというようなニュースを掲載されました。

私どもは業者の代表者を呼んでどうなんだ。談合であるというようなことは、公正取引委員会、警察が判断することだが、そういった姿勢は正していかねばならない。社会的な混乱を起こしたら指名停止にするという項があると厳しく業者を呼んで問いただすと「お互いに助け合いですから、仕方がなかった部分もあるんですわ」というようなことが返って参りまして、公正取引委員会、警察からは何のこともないんですが、市内60社全社に2か月間の指名停止をやりました。正月前なんです。

「市長、この60社には皆家族もあるんやで、従業員があるんやで」、そういう厳しいご指摘もいただきました。私も夜時間が許せば散歩をするんですが、用心せなあかんでというような心配をしてくれた職員もありました。しかし業者もそのことを真摯に受け止めてくれました。それで先程言いましたような形で事業監理部を作って行政改革の一環として入札制度の積極的な改正、改革を図っているところです。

それからやはり改革が大事だというのはまさしくその通りであって、今年お正月に、今日も秘書がきてくれておりますが、市長、仕事始めに何か一つ積極的に、一目見て分るような言葉で職員に訓示をしてくださいと、こういう宿題をもらいまして、何がいいかなと思ったんです。それで下手な字ですが色紙に「改め挑む」という色紙を書きまして、職員に示しました。改めるべきは改めて、そしてあらゆることに挑戦していこうということなんです。

市政執行方針の中では「改革と創造への挑戦」、そして先程言いました「人と自然が調和した田園文化都市づくり」、こういう打ち出し方をしました。

職員数の削減

合併そのものが行政改革なんです。職員100人を10年間かかって退職と採用のバランスを取りながら、少なくしていく。平均給与32万円ぐらいですから、100人で換算をしますと、

7億2千万円になります。

それから議員は57人が26人になりました。今の給与で換算すると年間2億円になります。我々特別職15人も5人になりました。1億8千万円違うんです。従ってこれで11億円ぐらい出てきます。合わせて人口増を図りたい。人口増を図っていくことによっていまの地方交付税制度はいつまでも続くとは思いませんが、続く限りは1人10万円になるんです。

甘いと言われるかもしれませんが、そういう事業展開をして都市的な整備をしていくことで1万人の人口増は10億円になるんです。したがって行政改革を積極的にやっていかなければならない。

事業の民間委託

それからもう一つは、もう民間への仕事、民間に都合がいいことは民間に委ねていく。そういうことで昭和38年より国民宿舎を持っておりましたがそれを今年閉館し公設民営で事業化しています。篠山にはデカンショ祭り、味祭り、ABCマラソン等、たくさんのイベントを持っており、篠山市になったことで観光客が220万人ほどあります。観光客が非常に多いというので、市が宿泊施設を作ってあとは第三セクターに委ねていくということにしております。

今セクターというのは全国的には赤字の見本みたいになっておりますが、幸い篠山市の第三セクターはロマン館といって大正12年にできた庁舎を食堂等やお土産屋、また、商工会の下にお土産どころを管理運営し、収益を上げていただいております。これからもそこに委託をしていくというような方向を考えております。

それから小さな町でありながら昭和37、8年からガス事業をやっているんです。このガス事業を先日天然ガスに転換をしました。環境問題等々あって、平成16年までにやらなくてはならないということで、10億円ほどかかっているんです。だからガス事業だって民間に委ねていかなくてはならない。今何社かに当たっております。合併前の3、4年前にその話をした時には大阪ガスは「いやうちはよう受けん」ということでした。合併をしてなんか様子が変わってきたら、大阪ガスは「うちもその一つに数えてほしい」というようなことに変わって参りまして喜んでいるわけですが、大いに民間の活力を入れていくことも大切である、こんなふうに考えております。

その他補助金の見直しなどいろいろあります。まあいずれにしても我々が持っている情報を公開して、「今篠山市の実態はこうです。ですから事業には最初から計画に参加をして、いろいろな形で関わってください、こういう状況ですから応分の受益者負担はお願いします」ということも含めて、お互いが自己決定、自己責任で行政を進めていかなければならない。そういう「参画と協働」が大切でないかと思います。

よく言われますように、「参加」から「参画」になりました。それがさらに「協働」になってきます。

これは一つの目的に向かう場合に、大きな障害物があればお互いが協力をしてその障害を取り除いていこう、そういうことが協働であると話されている先生がいます。従って大きな石が道路の真ん中にある、その石を行政と市民で一緒に除いていく。石をころがすの原理が協働である。まさしくそういう形の参画と協働が大切でないかと思うところです。

100人委員会、女性委員会の委員を公募

合わせて、合併により人口が多くなりましたから、たくさんの皆さんからいろいろな声を聞か

なくてはならない。

そこで「100人委員会」あるいは「女性委員会」の委員を広報で募集しております。更に図書館を作る場合、あるいは運動公園を作る場合、農業公園を作る場合、計画の段階から市民の皆さんに参加をしていただいて、そして事業展開を図っております。

チルドレンミュージアム

その事業展開の中で合併特例債の事業として初めてオープンしますのが、この7月27日、中学校を統合して廃校になった昭和25年木造校舎を活用したチルドレンズミュージアムであります。これは子供の博物館です。ただ見るだけではなく、触る、あるいは自分で作っていく、ですからこれまでのおもちゃを集めたり、教科書を集めたり、それぞれ農家にあるいろいろなものを出していただいて、全国のアーチストに来ていただいて、いろんなものを作っていただいた。アメリカから面白い科学機器を入れて体験できるようなコーナーを作ったりして、オープンしようとしております。名誉館長に世界の心理学者、河合隼雄先生をお願いしました。河合先生は篠山の出身なんです。

「名誉館長といったら名前だけだけれども、私はそんな館長になりたくない、本当に皆さんが喜んでいただけるような名誉館長になりたい」ということで、ご承諾をいただきました。

先生が昨年11月3日に日本の文化功労者になられましたので、篠山市の名誉市民に先日なっていただきました。そんな形で全国の皆さんに発信のできるような先生が名誉館長になっていただきましたから、非常に喜んでいるところです。

コミュニティ作り委員会

さらに今一つは、市域が大きくなりましたからコミュニティをどうするのかが問題になります。生涯学習というのは教育委員会だけが取り組むことではない。小学校区を一つの単位にして積極的な形で生産活動、あるいはいろんな事業活動を通して生涯学習を深めていくために行政部局と一体になって、小学校区を単位にしたコミュニティ作りの委員会を立ち上げていろいろな事業展開を図っております。

合わせてそれぞれの集落も自分達で考えていこう、自分達のまちは自分達で考えると同時に自分達の集落も自分達で考えていこうというような取り組みが大切ではないかと考えているところです。

職員の能力開発を痛感

最後になりましたが、今一つ、やはり職員の能力開発、職員の専門化をするためにはいろいろな開発が必要であると痛感しております。

昨年の8月から職員の提案制度を作りました。お正月段階で300件を越す提案がありまして、初仕事の時に、「これは優秀な提案だ」、「これは事業で生かしていこう」という提案に対して表彰をいたしました。

その後、「農業問題、行政改革、財源をどう自らの力で求めていくかを提案をしてくれ」というテーマを示し、今400件を越す提案を職員から頂いております。それを各部で持ち帰って、各課で協議する。あるいは100人委員会、女性委員会から提案されたことは各部、各課で十分に話し合いをするように、そして若い人たちの意見を十分に吸収して、自分が今提案したことが議会に上がって事業化するためのシステム作りも必要ではないか、こんな思いをしているところです。

いろいろなお話を申し上げてきましたが、以上で報告を終わりたいと思います。

#［会場からーQ＆A］

Q 住民投票を採用しなかった理由は？

北海道の大樹町というところから来ました。議員をやっております。3点ほどお聞きします。

Q1 市長さんは町の議員になられたころから合併推進派でいらっしゃったかどうか。

Q2 住民投票が住民の方から要望があったのに取り入れなかったということは、もし取り入れて反対決議されたら困るから取り入れなかったのではないかと推量しますが、その点はどうか。賛成か反対か、どっちでもいいから住民の声を聞くのが本来じゃないかと思います、その辺を伺います。

Q3　合併する時点で国の特別な援助がなければできなかったのか。国からの援助がなくてもできたのか。お話を聞いておりますと、町から市になるために人口4万人でも要請して認めてもらい、合併をすることによって国の特別な財政的援助をいただく。補助金をもらい、借金をすることも特別に許してもらうというようなこともあったようですが、そういう国の援助が全然なくても合併できたのかどうか、あるいは合併したのかどうか。以上3点についてお伺いします。

A

A1　議員時代から合併推進派

私は54年から議員をさせていただきまして、5回議会の選挙をしました。そしてたまたま議長をしている時に6回目の合併の話が出てきました。

ですから6回目の合併については、議長、町長として最初から終わりまで関わってきたということです。つまり平成7年の議会議員選挙の時、合併の研究会を作ろうというムードでしたから、合併をしなくてはならんというようなことを訴えて、選挙に臨んでおります。

そして平成8年4月に町長になっているんですが、その時も同じ願いでした。ですからある意味ではおっしゃるように議員の時代から合併を推進してきたと言えます。

A2 住民投票を採用しなかった理由

「否決されたらかなわんさかいに住民投票はお止めになったんですか」ということですが、私は投票していたとしても否決にはならなかったと思います。しかしこの問題は確かに今の世相からいえば当然大切な問題で、町の行方を決めるわけですから、住民投票の結果を議会の議決にあたり参考にすべきであるということは分らんでもないんですが、そういうことに適切な形での判断ができるだろうかというような思いがありました。

つまり正しい形での判断がいただけるだろうか、我々もそのための情報を充分に提供していくことができないんじゃないだろうかというような問題も含めて、こういうことに決断をしていったところです。

しかし今であれば独断であるというような批判が出るかもしれませんが、当時は多少ちがっていたように思います。

A3　国の支援がなくても合併はしていく

国の支援がなくても、平成8年に研究会を作る、平成9年には法にもとづく協議会を作る。そして市にならなくても、あるいは財政支援がなくたって合併はしていく。それ程に緊急の広域課題と地方分権の時代を考え、合併を進めておりましたからそういう国の支援がなかっても合併は成功していたと思います。

しかし幸いにして我々の要請を自治省、今の総務省がすべて認めて戴いたのは非常にありがたかった。ある意味ではタイミングがよかったのかなと思っております。

Q 北海道における町村合併の実現性は？

道東の中標津町からきました。２点ほど質問させていただきたいのです。

Ｑ１　先程からのお話を伺いまして、まるで合併というのは魔法の箱のような、何でも出てくるような印象を受けたんですが、そこで敢えてお聞きしたいのですが、合併したことによって何かまずかったかなという点があれば、教えていただきたい。

Ｑ２　市長さんもおっしゃられているように、やはり篠山と北海道とは土地柄に共通部分と違うところがあるんですが、北海道における町村合併の実現性についてどうお考えになられるのかをお伺いしたいと思います。

A

A１　合併してまずかったということは今のところ私自身は考えておりません。

しかし市民の皆さんにとっては、例えば、これまでの役場が支所に変わったことで、出入りする人の数が減ったということもその地域の活性化に歯止めを掛けているんじゃないかと思われる皆さんがおられると思います。

我々としては、そういう皆さんの思いをしっかり踏まえて、支所の活用を考えております。そこを「生活総合センター」という形でいろいろな民間の団体にその支所を活用していただく。また、図書館の分館もおく。それによって、いくらか周辺の活性化につながるだろうという思いでやっています。

合わせて、遠くなったという心理的な部分もありますから、距離的には遠くなったけれども今ＩＴ等があります。篠山市の場合に幸い全国の広報表彰でインターネットのホームページが準特選になっているんです。ですからそういう優秀なインターネット等をもっておりますから、どんどん結んでいくことによって、市民の皆さんもこれを活用できる。

それに市長へのハガキによる、直行便目安箱もあります。差出人の名前があれば必ずお返しをする。

さらに秘書からの提案がありまして、インターネットの中に『市長日記』を作ってます。日々私がどんなことをしているのか、どんなことを考えているのか、あるいは今日こんな会議をしてこんなことを思いましたというようなことを多くの市民の皆さんに情報発信をしている。

発信をすると同時にその返事が返ってきます。そういう意味で皆さんの気持ちはできるだけくみ取っていくような政治姿勢が大切です。

そういう姿勢で事業展開をすることによって政策的に周辺の皆さんのいろんな思いを解決していく、例えば小学校で複式になってきそうな所には政治的な形で若い層が定着してくれるような住宅政策をそこに下ろしていくとか、市街地にある住宅を改築する場合には周辺の整備等をむしろ積極的に図っていくことも非常に大事でないかと考えております。

A2　地域の実態に合せ、地域で自主的判断

やはり篠山市の場合は別に県から国から言われたわけでもない、自らの判断で、合併をすすめてきた。377キロ平方はあるけれども中心から30分でどこにでも行けるというような圏内にあり、それ程大きな障害にはならんだろうと思ってます。

しかしながら1000キロ平方等になりますと、これはやはりいろんな面でいろいろな課題があるんじゃないか。地方分権で、もろもろの権限がどんどん委譲されてくると、それにふさわしい受け皿はしっかりとしなくてはいけませんけれども、1000、2000というような大きな面積になった場合の手立てはどうするのか、またそのことを含めてそれぞれ関係住民の皆さんの思いをしっかりと踏まえた合併の進め方でなければ、上から無理やり結婚させたらやはり潰れる可能性もあります。その辺はそれぞれの地域の実態と自主的な判断に委ねていくべきではないか。しかしそれだけではなかなか合併が進まないという部分がありますから、適切な行政指導も必要かと思います。

Q「道」なり「県」が線引きしている今の状況で、簡単に合併が進むか。

Q 1　三重県からきました。いつも森先生の方からいろいろご指導をいただいておりまして、その関係で今回14名で来ました。昨日は住民と協働の町づくりと、道内でも進んでいる白老町の方でいろいろ意義のある交流をさせていただきました。

お聞きします。

先程篠山の取り組みを聞いてますと、住民と協働の仕組みということで「100人委員会」、「女性会議」とかの仕組みを使うということを聞きまして、非常に感銘を受けたのですが、これは篠山市の場合40年ぐらいの歴史があるということを再三市長さんいわれたと思うんですが、今、時限立法である「合併特例法」の関係で、急がないといけない状態になってますが、実際に「道」なり「県」が線引きしている今の状況で、簡単に合併が進むでしょうか。その辺りの率直なご意見をお聞きしたいと思います。

A

A1　自ら立ち上がらない地域の合併は無理

全国あちらこちらに行くんですが、県によって温度差があります。ある県は「こういう形で合併したらどうですか」と区割りまで示して進めている。そして「協議会ができたらこれだけの補助を出しますよ」というような形で積極的に進めていらっしゃる県もあります。

兵庫県の場合は震災等もありまして大変な財政事情であるということもあって、県が積極的に「区割り」まではしない。だから「それぞれの地域がそれぞれの実態に合わせた形でやるべきである」というような姿勢です。いろいろありまして私どもとしてはどちらがよいかを限定することは難しいと思います。

しかしながら「そういう形でやってきて本当に合併ができるだろうか」という面もある中で積極的にやっている所もあるわけです。

だから私は基本的にはやはり、その地方自治体が合併しなくては、少子高齢化なんかで、どうにも市民の皆さんの要望に応えることができない。というような形の立上がりがない所にいくら区割りをしたってできませんから、その辺は行政指導も含めて一緒にそういう区割り等々も考えていくような態勢になればいいと思います。

（本稿は、二〇〇一年七月十四日、北海道大学工学研究科・工学部「Ｂ２１大講義室」で開催された地方自治土曜講座での講義記録に一部補筆したものです。）

著者紹介

瀬戸　亀男（せと・かめお）
兵庫県篠山市長
一九三六年生まれ。
五五年、兵庫県立篠山農業高等学校卒業。六七年、篠山町農協青壮年部長。六八年、多紀郡農協青壮年部長。六九年、兵庫県農協青壮年部理事。七四年、篠山町教員委員。七九年、篠山町議会議員五期。九一年〜九五年、篠山町議会議長。九六年、篠山町長。九九年、篠山市長。

刊行のことば

「時代の転換期には学習熱が大いに高まる」といわれています。今から百年前、自由民権運動の時代、福島県の石陽館など全国各地にいわゆる学習結社がつくられ、国会開設運動へと向かう時代の大きな流れを形成しました。学習を通じて若者が既成のものの考え方やパラダイムを疑い、革新することで時代の転換が進んだのです。

そして今、全国各地の地域、自治体で、心の奥深いところから、何か勉強しなければならない、勉強する必要があるという意識が高まってきています。

北海道の百八十の町村、過疎が非常に進行していく町村の方々が、とかく絶望的になりがちな中で、自分たちの未来を見据えて、自分たちの町をどうつくり上げていくかを学ぼうと、この「地方自治土曜講座」を企画いたしました。

この講座は、当初の予想を大幅に超える三百数十名の自治体職員等が参加するという、学習への熱気の中で開かれています。この企画が自治体職員の心にこだまし、これだけの参加になった。これは、事件ではないか、時代の大きな改革の兆しが現実となりはじめた象徴的な出来事ではないかと思われます。

現在の日本国憲法は、自治体をローカル・ガバメントと規定しています。しかし、この五十年間、明治の時代と同じように行政システムや財政の流れは、中央に権力、権限を集中し、都道府県を通じて地方を支配、指導するという流れが続いておりました。まさに「憲法は変われど、行政の流れ変わらず」でした。しかし、今、時代は大きく転換しつつあります。そして時代転換を支える新しい理論、新しい「政府」概念、従来の中央、地方に替わる新しい政府間関係理論の構築が求められています。

この講座は知識を講師から習得する場ではありません。ものの見方、考え方を自分なりに受け止めてもらう。そして是非、自分自身で地域再生の自治体理論を獲得していただく、そのような機会になれば大変有り難いと思っています。

「地方自治土曜講座」実行委員長
北海道大学法学部教授　森　啓

（一九九五年六月三日「地方自治土曜講座」開講挨拶より）

地方自治土曜講座ブックレットNo．７５
今、なぜ合併か　篠山市の取り組みから

２００１年１０月３０日　初版発行　　　定価（本体８００円＋税）

著　者　　　瀬戸　亀男
企画・編集　北海道町村会企画調査部
発行人　　　武内　英晴
発行所　　　公人の友社
〒112-0002　東京都文京区小石川５－２６－８
ＴＥＬ０３－３８１１－５７０１
ＦＡＸ０３－３８１１－５７９５
振替　００１４０－９－３７７７３

「地方自治土曜講座ブックレット」（平成７年度～12年度）

	書名	著者	本体価格
	《平成7年度》		
1	現代自治の条件と課題	神原　勝	九〇〇円
2	自治体の政策研究	森　啓	六〇〇円
3	現代政治と地方分権	山口　二郎	（品切れ）
4	行政手続と市民参加	畠山　武道	（品切れ）
5	成熟型社会の地方自治像	間島　正秀	五〇〇円
6	自治体法務とは何か	木佐　茂男	六〇〇円
7	自治と参加　アメリカの事例から	佐藤　克廣	（品切れ）
8	政策開発の現場から	小林　勝彦 大石　和也 川村　喜芳	（品切れ）
	《平成8年度》		
9	まちづくり・国づくり	五十嵐広三 西尾　六七	五〇〇円
10	自治体デモクラシーと政策形成	山口　二郎	五〇〇円
11	自治体理論とは何か	森　啓	六〇〇円
12	池田サマーセミナーから	間島　正秀 福士　明 田口　晃	五〇〇円
13	憲法と地方自治	中村　睦男 佐藤　克廣	五〇〇円
14	まちづくりの現場から	斎藤　外一 宮嶋　望	五〇〇円
15	環境問題と当事者	畠山　武道 相内　俊一	五〇〇円
16	情報化時代とまちづくり	千葉　純 笹谷　幸一	（品切れ）
17	市民自治の制度開発	神原　勝	五〇〇円
	《平成9年度》		
18	行政の文化化	森　啓	六〇〇円
19	政策法学と条例	阿倍　泰隆	六〇〇円
20	政策法務と自治体	岡田　行雄	六〇〇円
21	分権時代の自治体経営	北　良治 佐藤　克廣 大久保尚孝	六〇〇円
22	地方分権推進委員会勧告と これからの地方自治	西尾　勝	五〇〇円
23	産業廃棄物と法	畠山　武道	六〇〇円
25	自治体の施策原価と事業別予算	小口　進一	六〇〇円
26	地方分権と地方財政	横山　純一	六〇〇円
27	比較してみる地方自治	田口　晃 山口　二郎	六〇〇円

「地方自治土曜講座ブックレット」（平成７年度～12年度）

《平成10年度》

	書名	著者	本体価格
28	議会改革とまちづくり	森　啓	四〇〇円
29	自治の課題とこれから	逢坂誠二	四〇〇円
30	内発的発展による地域産業の振興	保母武彦	六〇〇円
31	地域の産業をどう育てるか	金井一頼	六〇〇円
32	金融改革と地方自治体	宮脇　淳	六〇〇円
33	ローカルデモクラシーの統治能力	山口二郎	四〇〇円
34	政策立案過程への「戦略計画」手法の導入	佐藤克廣	五〇〇円
35	'98サマーセミナーから「変革の時」の自治を考える	神原昭子　磯田憲一　大和田建太郎	六〇〇円
36	地方自治のシステム改革	辻山幸宣	四〇〇円
37	分権時代の政策法務	礒崎初仁	六〇〇円
38	地方分権と法解釈の自治	兼子　仁	四〇〇円
39	市民的自治思想の基礎	今井弘道	五〇〇円
40	自治基本条例への展望	辻道雅宣	五〇〇円
41	少子高齢社会と自治体の福祉法務	加藤良重	四〇〇円

《平成11年度》

	書名	著者	本体価格
42	改革の主体は現場にあり	山田孝夫	九〇〇円
43	自治と分権の政治学	鳴海正泰	一、一〇〇円
44	公共政策と住民参加	宮本憲一	一、一〇〇円
45	農業を基軸としたまちづくり	小林康雄	八〇〇円
46	これからの北海道農業とまちづくり	篠田久雄	八〇〇円
47	自治の中に自治を求めて	佐藤　守	一、〇〇〇円
48	介護保険は何を変えるのか	池田省三	一、一〇〇円
49	介護保険と広域連合	大西幸雄	一、〇〇〇円
50	自治体職員の政策水準	森　啓	一、一〇〇円
51	分権型社会と条例づくり	篠原　一	一、〇〇〇円
52	自治体における政策評価の課題	佐藤克廣	一、〇〇〇円
53	小さな町の議員と自治体	室崎正之	九〇〇円
54	地方自治を実現するために法が果たすべきこと	木佐茂男	［未刊］
55	改正地方自治法とアカウンタビリティ	鈴木庸夫	一、二〇〇円
56	財政運営と公会計制度	宮脇　淳	一、一〇〇円
57	自治体職員の意識改革を如何にして進めるか	林　嘉男	一、〇〇〇円

「地方自治土曜講座ブックレット」（平成７年度～12年度）

書名	著者	本体価格
《平成12年度》		
58 北海道の地域特性と道州制の展望	神原　勝	［未刊］
59 環境自治体とＩＳＯ	畠山　武道	七〇〇円
60 転型期自治体の発想と手法	松下　圭一	九〇〇円
61 分権の可能性—スコットランドと北海道	山口　二郎	六〇〇円
62 機能重視型政策の分析過程と財務情報	宮脇　淳	八〇〇円
63 自治体の広域連携	佐藤　克廣	九〇〇円
64 分権時代における地域経営	見野　全	七〇〇円
65 町村合併は住民自治の区域の変更である。	森　啓	八〇〇円
66 自治体学のすすめ	田村　明	九〇〇円
67 市民・行政・議会のパートナーシップを目指して	松山　哲男	七〇〇円
68 アメリカン・デモクラシーと地方分権	古矢　旬	［未刊］
69 新地方自治法と自治体の自立	井川　博	九〇〇円
70 分権型社会の地方財政	神野　直彦	一、〇〇〇円
71 自然と共生した町づくり　宮崎県・綾町	森山喜代香	七〇〇円
72 情報共有と自治体改革　ニセコ町からの報告	片山　健也	一、〇〇〇円